AU PIED DE LA LETTRE
de Denys Lessard
est le cent unième ouvrage
publié chez
LANCTÔT ÉDITEUR.

D1313205

AU PIED DE LA LETTRE

du même auteur

L'ENJEU DES MOTS, Stanké, 1995.

Denys Lessard

AU PIED DE LA LETTRE

LANCTÔT
ÉDITEUR

LANCTÔT ÉDITEUR
1660 A, avenue Ducharme
Outremont (Québec)
H2V 1G7
Tél. : 270.6303
Téléc. : 273.9608
Adresse électronique : lanedit@total.net
Site internet : http : ww.total.net/~lanedit/

Illustrations de la couverture et de l'intérieur :
Bruce Roberts

Maquette de la couverture :
Stéphane Gaulin

Mise en pages :
Folio infographie

Distribution :
Prologue
Tél. : (450) 434.0306 ou 1.800.363.3864
Téléc. : (450) 434.2627 ou 1.800.361.8088

Distribution en Europe :
Librairie du Québec
30, rue Gay-Lussac
75005 Paris
France
Téléc. : 43.54.39.15

Nous remercions le ministère du Patrimoine canadien et le Conseil des arts du Canada de l'aide accordée à notre programme de publication. Nous remercions également la SODEC, du ministère de la Culture et des Communications du Québec, de son soutien.

À Mathias
... as de pique... piccolo... loterie... tricoté
(et...) Théo.

Vivre n'est pas l'enfance de l'art
mais l'art de rester enfant.

Plusieurs des billets qui composent ce recueil ont paru dans les revues *Écriture française dans le monde, Méta, Aria* et, plus récemment, dans le magazine *Infolangue*. Les textes de la deuxième partie (*Figures libres*) ont été diffusés en 1994 et 1995 sur les ondes de Radio-Canada à l'émission *Langue et espace francophone*, conçue et animée par Guy Rochette.

Avant-propos

Ce livre s'adresse aux voyageurs de noces, aux perceurs de chaises, aux teneurs de compagnie, aux sires amusés, aux ponces-plâtriers, aux blanchisseuses de choux et de bonnets, aux vieux motards que j'aimais et à tous ceux pour qui ne pas rire, c'est mourir un peu.

Levez le voile du sérieux et vous aurez une vue... de l'esprit.

D. L.

Pièges à souri…re

Tirez/Poussez

Sept heures. Une odeur de café et de pain grillé flotte dans la cuisine. Je m'assieds et saisis machinalement le pot de confiture. « Tourner » indique le couvercle en m'invitant à suivre le mouvement de la flèche. J'ouvre donc le pot et, comme je m'apprête à y tremper ma cuiller, mon regard se porte sur l'étiquette, où je lis : « Réfrigérer après ouverture ». Je m'empresse de remettre le pot au frigo, non sans éprouver le regret du pain perdu. Je me tourne vers mon journal. *« Fais ce que dois »*, commande la devise du quotidien. Ce que dois, c'est aller travailler.

Je sors donc de chez moi et me dirige vers l'entrée du métro : « Utilisez la porte suivante. » Sur la porte suivante, le mot *Tirez* m'oblige à exercer une traction sur la poignée. Le tourniquet m'intime lui aussi un autre ordre : « Insérez votre carte ici ». Après avoir docilement obtempéré, j'emprunte l'escalier roulant : « Tenir la main courante », « Surveiller les enfants », « Se tenir éloigné des côtés». Après m'être assuré qu'il n'y a aucun enfant près de moi, j'agrippe fermement la main courante en cherchant à me placer exactement au milieu de la marche.

Dans le couloir, je vois du coin de l'œil un écriteau me rappelant qu'il est «Interdit de fumer». J'ai tout juste le temps de monter en voiture avant que le métro ne démarre. «Attention aux portes», «Merci de céder votre place». N'osant pas regarder autour de moi de peur d'y lire d'autres injonctions, je choisis de descendre à la prochaine station. Les portes s'ouvrent: «Sortie». Je cherche un téléphone public: «Veuillez décrocher», «Déposez 25 cents», «Faire le numéro». Je raccroche précipitamment, au bord de la crise de nerfs. Je me dirige en titubant vers la sortie. Je tire sans succès la porte avant de m'apercevoir qu'il faut la «Pousser».

À l'extérieur se dresse un plan du quartier: «Vous êtes ici». Je regarde autour de moi pour m'assurer que je ne suis pas ailleurs. Au carrefour, le feu s'obstine à rester rouge. Je finis par voir sur le poteau qu'il faut «Pousser le bouton». Désemparé, je me mets à courir. J'entre au hasard dans une pâtisserie. Une vendeuse derrière le comptoir me désigne du menton un panonceau: «Prenez un numéro». Pendant une fraction de seconde, j'hésite: «Je me tire ou je me pousse?»

Le pour et le contre

C'est à la suggestion d'une amie que je me suis inscrit à ce cours, intitulé «Vaincre le négativisme par l'affirmation de soi». Elle ne cessait de répéter que ce cours ferait de moi un être profondément et définitivement positif, et qu'il mettrait un terme aux sempiternelles hésitations qui accompagnent chacun de mes gestes. J'ai cependant tenu à rencontrer d'abord le professeur, pour qu'il m'explique les principes de base de son enseignement : interdire à quiconque de se taire, défendre à qui que ce soit de se contredire et, le dernier mais non le moindre, s'opposer à tout ce qui est négatif. J'en ai profité pour l'interroger sur les dangers virtuels d'une transformation trop radicale de ma personnalité. «Vous seriez déraisonnable de ne pas courir ce risque, m'a-t-il répondu. Je doute d'ailleurs que le contraire de ce que vous craignez ne se produise pas. Sauf de rares exceptions, mes élèves évitent tous l'échec.»

Le pire, c'est qu'il n'avait pas tort! Ce cours m'a rendu rien moins que méconnaissable, même pour une personne non avertie. Bref, je ne suis plus aujourd'hui le même homme. La meilleure preuve en est que, à la question «Comment allez-vous?», je réponds maintenant d'un ton qui ne manque pas d'assurance : «Pas mal, vous non plus?»

Les deux font la paire

Savez-vous pourquoi les jumeaux sont plus petits à la naissance que les autres bébés ? Parce que ce sont des bouts de chou, plus précisément de chou de Siam, et que les siamois sont, par définition, de petits Thaïs. (*De petite taille*... Non ? Bon, passons.) Il existe deux sortes de jumeaux : les vrais et les faux. Heureusement, il est facile de reconnaître les premiers des seconds. Les vrais jumeaux sont identiques et toujours du même sexe. Les faux jumeaux, eux, ne sont pas identiques et peuvent être de sexes différents. Contrairement aux faux jumeaux, les vrais n'ont pas besoin de miroir : ils n'ont qu'à se regarder l'un l'autre pour voir de quoi ils ont l'air.

Une femme qui porte des jumeaux peut savoir, sans passer d'échographie, si elle aura des vrais ou des faux jumeaux. En effet, comme les faux sont issus de l'union de deux ovules et deux spermatozoïdes, ils « zygotent » deux fois plus que les vrais, qui sont issus d'un seul œuf.

Que doivent faire les parents pour avoir — ou ne pas avoir — des jumeaux ? Il faut dire tout d'abord que le parent et son enfant sont déjà, à leur manière, des jumeaux. L'homme ou la femme devient parent en même temps que naît l'enfant ; le parent « naît » donc, en quelque sorte, en même temps que lui, et vice versa. L'un et l'autre ont donc un avantage sur les jumeaux, vrais ou faux, qui eux naissent obligatoirement l'un après l'autre.

Les deux parents aussi sont, à leur manière, des jumeaux : ils se constituent en couple au même moment et font pour ainsi dire tout par paire, notamment leurs enfants. Le monoparent, qu'on rencontre de plus en plus fréquemment aujourd'hui, est comme un jumeau qui aurait perdu son frère ou sa sœur. Les enfants de deux monoparents qui se remarient ne sont pas, sauf exception, des jumeaux mais des demi-frères ou des demi-sœurs, ce qui n'est pas tout à fait pareil.

Pour revenir à notre question, il n'existe pas de recette garantie pour avoir des jumeaux, comme il y en aurait, dit-on, pour choisir le sexe de son bébé. Même si la « gémeaulogie », c'est-à-dire l'étude scientifique des jumeaux (les bijoux de la famille), prétend que l'astrologie joue un rôle important, la plupart des spécialistes s'accordent pour dire que c'est l'hérédité qui est le facteur le plus déterminant, puisqu'elle permet de concevoir un enfant et de *le rééditer* en un second exemplaire.

Plusieurs couples croient que le fait d'avoir, dès le mariage, des lits jumeaux les prédispose à en avoir. C'est une erreur. Qu'ils se comptent chanceux s'ils réussissent, de cette façon, à avoir ne serait-ce qu'un seul enfant ! Sérieusement, le moyen le plus sûr de ne pas avoir des jumeaux est soit d'être totalement abstinent, soit de les faire « en moins de deux ».

Beaucoup de jeunes ménages se demandent s'il est plus avantageux d'avoir des jumeaux que deux enfants séparés. Évidemment, la femme n'a pas à subir les inconvénients de deux grossesses ; ce gain de temps est appréciable pour ceux qui veulent élever rapidement une famille. Comme les jumeaux ne sont pas des enfants uniques, même s'ils sont rares, ils sont moins capricieux et plus faciles à élever.

Les jumeaux réussissent particulièrement bien dans le milieu des arts, comme le cinéma (le doublage), le théâtre (les doublures) ou la musique (les duettistes), à l'exception du ballet, à cause du «pas de deux». Plusieurs gagnent également leur vie comme agents doubles.

Ce qui frappe le plus quand on rencontre des jumeaux, c'est qu'ils sont généralement habillés et coiffés de la même façon, ce qui n'aide certainement pas à les distinguer. Heureusement, ils portent des noms qui, tout en se ressemblant parfois, ne sont jamais tout à fait identiques: Romulus et Rémus, Bob et Bobette ou encore Dupond et Dupont.

Les jumeaux viennent le plus souvent par deux, surtout les filles puisqu'on dit couramment une «paire de jumelles». Mais ils arrivent à l'occasion par groupe de trois, quatre ou même cinq. La naissance de triplés est généralement perçue comme un événement favorable, comme un gage de bonheur, puisque le mot *triplé* désigne un triple succès, en particulier dans le vocabulaire sportif.

On attribue à la consommation d'hormones de fertilité le risque élevé de naissances multiples. Il est vrai que les nouvelles technologies de la reproduction sont responsables de nombreux cas d'«ingémination» artificielle. Beaucoup de catholiques craignent d'ailleurs que ces technologies nous mènent progressivement jusqu'à l'«immatriculée» conception. Comme ils aiment à le rappeler, il suffit de pénétrer dans une église pour constater que seule la Vierge Marie a pu concevoir *in vitraux*.

Animaux affables
(d'après Jean de La Fontaine)

La cigale
ayant mis ce jour-là pour être plus agile
cotillon simple et souliers plats
fit venir ses enfants, leur parla sans témoins.
«Que vous êtes jolis, que vous me semblez beaux.»
Elle, qui n'était pas grosse en tout comme un œuf,
alla crier famine chez la fourmi sa voisine.
«Qui te rend si hardie de troubler mon breuvage?»
répondit cet animal plein de rage
qui tenait en son bec un fromage.
«Rien. — Quoi rien? — Peu de chose. — Mais encor?»
«La faim, l'occasion, l'herbe tendre et, je pense,
quelque diable aussi me poussant.»
La fourmi n'est pas prêteuse. C'est là son moindre défaut.
«La nature envers vous me semble bien injuste»,
repartit l'animal léger.
«Vous avez jusqu'ici résisté sans courber le dos.
Eh bien! dansez maintenant.»

Parle, menu

À l'ère du libre-échange et de la mondialisation des marchés, la gastronomie s'internationalise de plus en plus et les restaurants jouent dorénavant la carte... géographique. On ne s'étonne plus qu'un grand chef propose comme dessert un *Bavarois à la créole* (l'authentique Forêt noire?) ou encore une *Génoise angevine* (si à Gênes il n'y a pas de plaisir, comment peut-on y être anjoué?). D'ici peu, il ne faudra pas s'étonner de voir apparaître sur nos tables les *Choux de Bruxelles à la polonaise*, le *Chili aux haricots de Lima*, les *Champignons de Paris en salade russe* et le *Canard de Barbarie aux oranges de Séville*.

Au cours des dernières années, plusieurs pays ont contribué d'une façon originale à enrichir le patrimoine culinaire universel. Signalons l'ex-Yougoslavie, avec sa *Macédoine aigre-douce*, l'Ukraine, avec son *Sauté aux curies Tchernobyl*, et l'Allemagne, avec sa *Bombe flambée aux mûres de Berlin*.

La Grande-Bretagne, avantageusement connue pour son *Filet à l'anglaise*, s'est également imposée avec le *Chaud-froid Windsor* — une variante du *Tournedos à la Reine* — et un *Bœuf en folie* qui n'a pas fini de faire parler de lui. L'Espagne a aussi fait des recettes avec ses *Filets de turbot à petites mailles* et ses *Diplomates à la pêche*, qui ont soulevé beaucoup de vagues de part et d'autre de l'Atlantique.

Plusieurs pays misent désormais sur des mets ou des produits typiques encore peu connus mais dont le potentiel commercial est considérable. On peut d'ores et déjà prédire un succès certain à l'aubergine espagnole, aux poireaux belges, à la religieuse portugaise (une sainte honorée), aux beignes turcs et aux calendes grecques (fruits du calendrier analogues aux dates).

L'actuel mouvement de revendication des femmes trouve par ailleurs un écho favorable auprès de nos maîtres queux. Voici que certains coqs remettent au menu les doigts de dame, les Juliennes, les Charlottes et les Madeleines, et créent pour notre plus grand plaisir la *Crème au bain-Marie*, la *Crêpe Georgette*, la *Quiche Marjolaine*, les *Cornichons à l'Aneth* et les *Épinards à l'Olive et aux Papayes*.

Profitons de l'occasion pour informer nos lectrices et lecteurs de la parution récente de *Plats du jour panés d'hier*, un recueil de recettes du célèbre frère Toque, qui réinvente avec un rare bonheur la savoureuse cuisine du terroir. Parmi ses adaptations les plus spectaculaires, mentionnons la *Soupe au lait et au boudin*, le *Pâté de maison*, la *Selle de cheval*, le *Bouilli Mistigris*, la *Tarte en pion*, la *Fondue de Roquefort Est* et le *Fromage de tête à Papineau*.

Vivat Bacchus!

Au buveur, joyeux chantre,
Qui porte un si gros ventre,
Qu'on doute, lorsqu'il entre,
S'il est homme ou tonneau.

La chanson à boire se retrouve fréquemment dans les opéras du XIXe siècle. Le couplet ci-dessus est extrait d'une chanson à boire de *Lucrèce Borgia* de Victor Hugo, dont Donizetti a tiré l'opéra du même nom. Il faut en conclure que le vin et la voix, le buveur et le chanteur font bon ménage : « Le bruit des verres est un cantique », entend-on dans *La Traviata*.

Le vin a la vertu de chasser les soucis et les peines et de ramener le tendre amour. C'est du moins ce que chantent Violetta et Lady Macbeth : « Du vin et des amours, chantons sans cesse la double ivresse. Buvons toujours ! ». Les hommes, eux, sont plus prosaïques ; on pourrait même les accuser de ne pas vouloir mettre d'eau dans leur vin…

Jeune adepte du tonneau
N'en excepte que l'eau
(*Faust*, 2^e acte)

Sans vouloir être triviaux, soulignons qu'une belle voix est un peu comme un bon vin. D'ailleurs rien ne ressemble plus au vocabulaire du maître de chant que celui du maître de chai. Comme le vin, la voix peut être ronde, ample ou profonde, surtout dans le cas des basses ; elle peut manquer d'intensité, de fermeté ou au contraire de souplesse. Si elle n'est ni sèche ni âpre, on louera son moelleux et son velouté car on apprécie par-dessus tout une voix chaude et douce. Si elle est légère, fraîche et limpide, elle saura envoûter les plus fins connaisseurs.

Comme le vin, la voix connaît de bonnes et de mauvaises années. Un Callas 1952 est un meilleur cru qu'un Callas 1961 ; un Domingo 1985, bien moins jeune qu'un 1974, est cependant plus raffiné et nuancé. On ne saurait par contre comparer un pétillant Mado Robin à un puissant et noble Joseph Rouleau, pas plus qu'on ne penserait opposer un Moët & Chandon à un Mouton-Rothschild.

Évidemment, le vin se boit alors que la voix s'écoute. Mais un vin qui a du corps n'est-il pas aussi appréciable qu'un chanteur qui a du cœur ?

Nom de lieu!

Ce texte vous est gracieusement offert par Geysair, la compagnie aérienne qui vous envoie en l'air! Grâce à ses tout nouveaux fuseaux horaires, Geysair ne vous fait jamais perdre le fil du temps.

De tous les coins du Québec que je connais, c'est encore notre bonne vieille capitale que je préfère. Bien sûr, Québec est une ville bourrée de complexes, dont le plus connu est sûrement le Complexe G, et surtout pleine de contradictions — aussi bien que d'Abraham — : un superbe hôtel où on ne peut descendre (l'hôtel du Parlement), une grande terrasse où on ne sert pas de café (la terrasse Dufferin) et un Vieux-Port réaménagé qui semble plus récent qu'un Portneuf. Sa prison, comme celle de Trois-Rivières, a même été transformée en musée, sans doute pour mieux engeôler... les visiteurs.

J'aime aussi beaucoup la Gaspésie et en particulier le rocher Percé, une curiosité naturelle qui est devenue l'emblème de toute la péninsule. On s'interroge depuis longtemps sur l'origine exacte du nom de ce célèbre roc. Certains croient qu'une méprise aurait amené Homère (oui, oui, le grand poète grec), dans son célèbre récit *Ulysse au pays des merveilles*, à parler du rocher «de

Persée» alors qu'il s'agissait en fait du rocher de Sisyphe. D'autres affirment que ce sont des missionnaires français qui ont les premiers signalé l'existence du «rucher percé», parce qu'il évoquait pour eux une abbaye... Percé est également réputée pour ses fous de Bassan, dont les cris naturellement perçants (!) leur ont valu dans la région le surnom de «diseurs de Bonaventure».

Sans y être jamais allé, je suis attiré par certains lieux aux noms étonnants, comme l'avenue du Phare Ouest (prélude à la venue des cow-boys?) à Matane, et surtout le lac des Quatre-Chemins, dans l'Outaouais. Comme tout le monde dit qu'il ne faut pas y aller par quatre chemins, je me demande bien de quelle manière on peut s'y rendre, sinon par l'un de ces quatre chemins?

Je suis aussi mystifié quand des gens me disent qu'on peut aller à Contrecœur de bon gré et se prétendre démocrate tout en étant de-Magog, et que Laval est une île au trésor puisqu'elle est bordée par la rivière des Pierreries.

Mais ce qui me frappe le plus, c'est quand j'apprends que les mordus de randonnée à vélo exigent que la Route Verte passe par Sainte-Anne-de-Beaupré (à cause du Cyclorama) et que le ministère du Tourisme du Québec cherche à nous faire découvrir les ponts couverts...

Fable express
(en hommage à Alphonse Allais)

Le phoque, un bon jour, dit au marsouin :
« Laissez donc là votre plat d'anguilles
Devant lequel l'estomac vacille
Et mettez votre zèle et vos soins
À taquiner les salmonidés
Dont la chair rose de joie vous comble.
C'est, vous verrez, une bonne idée. »
Moralité : *Lâchez lamproies pour ombles.*

L'esprit des lois

Les textes de loi réservent bien des surprises à qui se donne la peine — capitale ou non — de les lire attentivement. Je suis ainsi tombé l'autre jour, par hasard plus que par inadvertance, sur la loi québécoise touchant la protection des animaux pur sang, dont je me permets de citer ici un passage des plus énigmatiques :

> Dans les cas où une vache de race pure est en gestation par suite du *service* d'un taureau [...] le propriétaire de cette vache a droit de recouvrer [...] tous les *dommages* qui en résultent. Ces dommages sont calculés sur la base de la différence qui existe entre la valeur de cette vache avant et après la *rencontre* de cet animal.

Les questions d'élevage ne m'étant pas familières, j'ai dû recourir aux soins d'un spécialiste, en l'occurrence un avocat, pour qu'il m'éclaire sur le sens de certains termes juridiques obscurs. Cette rencontre ou plutôt cet entretien s'est avéré par ailleurs très instructif ; j'ai notamment appris que les abeilles sont, au même titre que les bovins, assujetties à la loi, judicieusement — et judiciairement — appelée *Loi sur les abeilles*.

Il n'est pas toujours aisé de distinguer ce qui est bête de ce qui ne l'est pas, comme le montrent la *Loi sur la santé des animaux*, qui souligne l'existence d'un comité de surveillance des étalons sous la direction duquel sont nommés «des inspecteurs compétents pour inspecter les étalons» (les maîtres étalons, sans aucun doute), et la *Loi sur les licences*, selon laquelle un hippodrome, ou rond de courses, désigne toute piste où ont lieu des courses «de personnes [*sic*], d'animaux ou de véhicules ou l'un avec l'autre». Il est par contre facile de constater que nos gens de robe manifestent en toute chose un profond esprit de justice et d'équité... Signalons en passant que cette même *Loi sur les licences* — le mot *licence* s'applique ici, bien sûr, à tout ce qui n'est pas *permis* — traite aussi, comme il se doit, des lieux d'amusement.

Le droit québécois constitue, au dire de plusieurs, l'avant-garde de la législation occidentale. La *Charte des droits et libertés de la personne* en témoigne d'une manière éloquente. À l'heure où les nations industrialisées s'inquiètent des précipitations acides et de leurs retombées économiques, le chapitre P-43 des *Statuts refondus du Québec* déclare hardiment que «nul ne peut provoquer artificiellement de la pluie [...] s'il n'a été déclaré habilité à le faire par le gouvernement agissant sur la recommandation du ministre». Dans le même ordre d'idées et vraisemblablement pour éviter que le miracle de la manne, qui a gagné au christianisme de si nombreux fidèles, ne se reproduise, le chapitre C-32 nous rappelle qu'«il est interdit de donner du pain pour des fins publicitaires»!

La lecture des règlements qui accompagnent les lois peut également s'avérer très profitable, ou à tout le moins divertissante. Le règlement relatif à l'habitation familiale, où il est question de logements à loyer modique « servant à loger *en tout ou en partie* des personnes âgées », a particulièrement frappé mon imagination, de même qu'un règlement relatif au *Code de la route*, dans lequel j'ai pu lire cette étonnante prescription : « Toute personne qui désire exploiter une école de conduite [...] doit [...] fournir une attestation de moralité et *de bonne conduite...* » Vive l'« auto-école » !

Électro-fun

Mes fils aiment bien les jeux électroniques, c'est de leur âge. Moi, je les trouve trop violents. Je préfère les jeux plus pacifiques, les Jeux olympiques par exemple, notamment le lancer du disque (compact, bien entendu). Sérieusement, je suis avant tout un infomane. Pas un perverti, un maniaque de l'information. J'aime informer, communiquer, dialoguer. Je roule à 200 à l'heure sur l'autoroute de l'information. Grâce à Internet, je fais le tour du monde en 80 nanosecondes.

Dans le Net, les frontières n'existent plus. La fibre optique a remplacé la fibre patriotique. Autrefois, tous les chemins menaient à Rome. Demain, toutes les inforoutes mèneront aux forums, romains ou non. Dans cette vaste communauté Internet, dans cette cybernation, il suffit d'une pression du doigt pour que ça clique.

Comme son nom l'indique, le Net est propre. Il lave le cerveau — électronique — mieux que Ouinedex ne lave les Ouinedoze. Quand ma souris a des puces, Monsieur Net est là. Quand mes puces ont des virus, Monsieur Net est encore là. Monsieur Net respecte l'environnement, tous les environnements, et il ne me fait jamais perdre mon temps, réel ou irréel. Avec lui, inutile de chercher multimédia à 14 heures. Quand on est internaute, pas question de perdre l'interface.

Monsieur Net est un magicien. Il transforme le cybernétique en cybernautique. Grâce à lui, mon ordinateur devient une plateforme d'où je plonge pour naviguer sur l'océan de la réalité virtuelle. Au firmament, dans le cyberespace, brille l'étoile filante : les toiles, c'est le Web et le filet, c'est le Net.

Non seulement je navigue, mais je surfe. Et qui dit «surf» divague. Mais, curieusement, qui dit «vague» dit «pas net». Naviguer dans Internet est périlleux, surtout à cause des pirates. On risque aussi de perdre la mémoire, d'être cyberné qu'on doive se faire Interner. Et souvent j'ai peur que cela ne m'arrive.

Quand j'ouvre mon ordinateur, je prie le serveur de m'apporter le menu. Si les icônes tardent à apparaître, je pense tout de suite qu'elles se font prier. L'autre jour, un ami m'a prêté un dictionnaire sur cédérom qu'il venait d'acheter. Je lui ai demandé si c'était un dictionnaire à très haute définition...

Je suis devenu non seulement virtuel, mais aussi vertueux. Je me demande si la réussite d'une liaison se mesure au nombre de bits ou à leur longueur. Je rougis à la seule pensée que l'autoroute puisse baisser ses bretelles. La vue d'un nouveau site m'excite. Quand mon courrier me donne un message, j'ai l'impression que mon disque devient dur. Rendu au bord de l'émulation, je dois à tout prix mettre l'écran d'arrêt... Comme disait Pascal, dans son langage bien à lui, le corps a ses raisons que le réseau ne connaît pas.

Vie d'artiste

Elle était *mezzo*, il était basse. Ils s'étaient connus à la manécanterie. Après quelques années, elle était devenue lasse de chœurs. Lui avait longtemps hésité entre l'opéra et l'*oratorio* pour finalement préférer la dramaturgie lyrique au drame liturgique.

Ils avaient rapidement gravi les échelons de l'ambition et mené un train de vie d'enfer. Leurs orageuses querelles de ménage — leurs «scènes lyriques», comme on les appelait familièrement — faisaient la une de la presse à scandale. «La diva tempête et l'époux vente», titrait le magazine *Polygamme*. Elle le trompait avec un trombone en coulisse. Il en avait eu vent et s'était tourné vers une diseuse, mais cela ne lui avait pas porté chance.

À ces nombreuses déceptions mondaines s'étaient ajoutés d'autres revers de fortune. Elle, qui ne possédait à ses débuts que ses vocalises comme bagage, avait maintenant du coffre. On le lui faisait bien sentir et ça lui faisait malle. Lui, avait subi sans broncher les assauts d'une pneumonie, qui l'avait laissé sur la corde (vocale) raide, avec pour seule protection un mince filet... de voix. Leurs voix, dont le timbre s'était oblitéré, avaient des accents graves et des vibratos circonflexes, si bien qu'on les classait maintenant, elle comme «sado-*mezzo*», et lui comme contre-basse.

Elle retourna à ses premières amours, le chant sacré, et se vit même décerner pour un de ses enregistrements le Grand Prix Madonna, tandis que lui publia avec succès un traité sur la musique celtique intitulé *La Cornemuse, instrument des poètes*. Ils vécurent, unis, d'heureuses vieillesses... musicales.

Merles rares

Parmi les oiseaux de toutes espèces qui peuplent l'Amérique du Nord, quelques-uns se distinguent par leurs modes de communication tout à fait particuliers. Nous vous présentons ici ces drôles de volatiles, qui ont réussi à s'adapter à un environnement sans cesse en évolution.

Clavier solitaire
Le Clavier solitaire (*Internautus addictus*), quoique très commun, est relativement difficile à observer. Tout à fait inoffensif, il se terre le plus souvent dans son habitat en monopolisant les ressources téléfauniques de sa nichée. Il est aussi habile à naviguer qu'à surfer et il peut se déplacer avec une rapidité déconcertante aussi bien sur une toile (d'araignée) que sur l'autoroute. Ce qu'il préfère par-dessus tout, c'est passer des heures à manipuler une souris en émettant régulièrement des clics et des doubles clics.

Jaseur cellulaire

Cette variété de Jaseur (*Soliloquens sans-filis*), qu'on confond parfois avec le Jaseur avertisseur (*Pagetus bellboyus*), se rencontre de plus en plus fréquemment dans les endroits publics. Il émet un bruit strident analogue à une sonnerie, à la suite duquel il porte la patte à l'oreille et se met à jaser. Avec la patte ainsi repliée, il peut continuer de jaser tout en se déplaçant, en s'alimentant et même, rapporte-t-on, en s'accouplant, ce qui lui a valu le surnom de « Manchot habile ».

Moineau-lyre taciturne

Le Moineau-lyre taciturne (*Balador tympanis*), bien qu'il soit lui-même presque muet, adore écouter le chant des autres oiseaux. On le reconnaît grâce au cordon qui sort de ses deux oreilles pour aller se dissimuler sous le plumage de son jabot. Ce cordon lui permet d'écouter divers sons sans incommoder ses congénères. Peu méfiant, il se laisse facilement approcher mais reste sourd quand on l'appelle.

Ritournelle messagère

Personne n'a jamais vu cette Ritournelle (*Box vocalis*) mais on entend souvent son chant monocorde se répéter à intervalles réguliers, interrompu seulement par un bip bip caractéristique. La Ritournelle joue sur l'effet de surprise pour désarçonner sa proie, qu'elle tient accrochée au bout d'un fil. Bien dressée, elle saisit les mots qui s'échappent de sa bouche pour aller les restituer fidèlement à son possesseur.

Zapzap téléphage

Cet oiseau au ventre proéminent (*Zappus zappus*) est particulièrement friand, non pas de sons, mais d'images de toutes sortes. Incapable de tenir en place, il vole sans arrêt d'une chaîne à l'autre sans parvenir à se fixer sur l'une d'elles. Une fois domestiqué, on l'installe généralement devant un téléviseur à côté d'une mangeoire remplie de chips, de maïs ou, mieux, de télé-thon.

Je m'oublie

À l'occasion de ses récentes assises annuelles, le Conseil de l'opéra québécois a lancé un vibrant plaidoyer en faveur de la mise sur pied d'un répertoire lyrique national, constitué d'œuvres composées par des musiciens d'ici sur des livrets tirés de notre terroir littéraire et théâtral. Il a par ailleurs convié la presse internationale à la première mondiale de *Séraphin P*, opéra de chambre électroacoustique adapté du célèbre roman de Claude-Henri Grignon *Un Homme et son péché*, et à la création d'un cycle de mélodies pour haute-contre, orchestre et chœur de femmes inspirées des *Chroniques du Plateau Mont-Royal* du grand dramaturge Michel Tremblay.

Si cet appel est entendu, rien ne nous interdit de croire qu'au début du troisième millénaire, l'Opéra de Montréal ou celui de Québec présentera en tournée à travers l'Amérique, non pas une Tétralogie, mais une Trilogie bien de chez nous, basée sur des textes du chanoine Groulx, de Réjean Ducharme et de Gratien Gélinas, et comprenant respectivement *Lord Durham*, *La Vallée des avalés* et *Siegfridolin*. On pourrait même s'attendre à ce que les prestigieuses scènes d'Autriche et d'Allemagne puissent monter avec succès l'opérette de style viennois intitulée *Bierschaum (Broue)* et que la Scala fasse un triomphe à la fresque épique en cinq actes de Louis Hémon, *Maria Cappadalana*!

Qui d'entre nous n'a pas rêvé de pouvoir un jour écouter un Grand Prix du disque comportant, gravés pour la postérité par un artiste renommé, des airs désormais classiques tels la délicieuse aria de *Manon Lastcall*, *Des* hot pants *en suède brun chocolat*, l'admirable cavatine de Carmen, *Quand tu pars dans tes balounes* (*À toi pour toujours, ta Marilou*), ou l'irrésistible chanson à boire tirée du *Survenant, Plus je bois, moins je suis chaud*?

Gratin de grosses légumes

Choisissez tout d'abord une brochette de grosses légumes. Disposez sur un plat de l'oseille ou une bonne galette. Plongez vos légumes dans l'eau bouillante puis laissez flamber l'oseille ou la galette jusqu'à ce qu'il n'y ait plus un radis. Prenez quelques avocats à la noix et mettez-les dans le jus avec les légumes brouillés jusqu'à ce qu'ils se soient tous mouillés. Si vous n'avez pas sous la main d'huiles ou de mandarins, déposez la brochette et les avocats dans un panier à salade et cuisinez-les avec des poulets. Si l'un des avocats se fait sauter la cervelle, laissez-le reposer dans la bière.

N.B. : L'utilisation d'une cocotte et de canapés peut s'avérer utile pour garder vos grosses légumes bien au chaud.

Au panthéon des bien nommés

Il y a foule ce soir-là au gala annuel des célébrités de la langue. Tous ceux et celles dont le nom figure en bonne place dans le trésor des locutions françaises se trouvent de nouveau réunis sous la présidence d'honneur du vieux Mathusalem, comme il se doit.

Pendant que les invités admirent les plumes de Pan, déguisé en Icare, Jarnac joue du coude pour se rapprocher de Morphée, assis sur la cuisse de Jupiter, les bras autour de son cou.

— Savez-vous ce qu'était réellement le cheval de Troie ? demande Jupiter à la cantonade.

— Moi je le sais, répond Homère, avec un éclat de rire. C'était l'étalon d'Achille !

— C'est la vérité ? demande La Palice, interloqué.

— Tout à fait, poursuit Jupiter. Et où cet animal se trouve-t-il maintenant ?

— Dans les écuries d'Augias, répond à son tour Buridan, grand amateur d'équidés.

— Augias Leduc ? rétorque Pandore, qui cherche toujours à mettre quelqu'un en boîte.

Pendant ce temps, Œdipe, plus complexé que jamais, se cache dans les jupes de sa mère. Grégoire écoute, avec cet épais de Damoclès, le chant de Mars, accompagné au violon par Ingres, pendant que Procuste lit un poème à Maurice, qui a mal à la colonne. Cléopâtre, exhibant avec orgueil son nouveau-né, raconte son accouchement à Hercule, qui s'y connaît en travail.

Un serveur, nommé Wallace Fontaine, circule en offrant des consommations. Diogène, entouré de charmantes Danaïdes, le repousse en lui lançant : «Fontaine, nous ne boirons pas de tonneau.» Puis il porte un toast à la Melba, la diva au teint de pêche. Papineau, légèrement ivre, ne sait plus où donner de la tête tandis que Panurge supplie Tantale de ne pas se laisser manger la laine sur le dos. Cambronne, qui ne mâche pas ses mots, ordonne à Stentor de retrouver au plus vite sa voie.

Christophe Colomb explique à Job et à Crésus comment un neuf lui a porté chance à la roulette.

— Moi aussi, j'ai un secret à vous confier, interrompt Polichinelle, que personne n'écoute.

Dans un coin, Anne converse au téléphone :

— Es-tu toujours au bout du fil, Ariane ? dit-elle. Tu sais, je n'ai vraiment pas de pot : je me suis fait baiser par Judas et Eustache me trompe.

Après l'arrivée spectaculaire des trois mousquetaires — Barabbas, connu comme un passionné, le fier Artaban et ce fou de Bassan —, un attroupement se forme autour d'Ève, qui défile en costume d'Adam, en compagnie d'Adam, en habit d'Ève. Et pour finir, Cupidon, disciple des piqûres, invite chaque convive à pénétrer dans l'univers de l'amour, à découvrir le monde de Vénus...

Les gens peureux ne font pas d'histoires

On dit que je suis un garçon très naïf. Moi, je ne demande qu'à le croire. Quelqu'un m'a l'autre jour déclaré à ce sujet :

— Tu devrais cesser de prendre tout ce que les gens te disent au pied de la lettre.

— Quelle lettre ? lui ai-je demandé.

Cette repartie a semblé le prendre de court car il a rétorqué d'un ton énigmatique :

— Il est vrai qu'il vaut parfois mieux se faire prendre au pied de la lettre qu'au pied du mur. Surtout que ce n'est souvent qu'une fois au pied du mur qu'on se rend compte qu'il a des oreilles.

Comme j'ignorais que les murs avaient, en plus des pieds, des oreilles, je n'ai pas voulu prêter plus longtemps la mienne à ce discours sans queue ni tête et je suis parti. Figurez-vous que c'est cette même personne qui répète à qui veut l'entendre :

— Méfiez-vous de tous et ne faites confiance à personne, surtout pas à ceux qui vous donnent des conseils.

La cohérence est de toute évidence une qualité qui lui fait défaut !

Je reconnais cependant être trop hésitant et ne pas faire preuve d'assez de volonté, de fermeté. J'ai donc résolu, une fois pour toutes, d'être soit plus déterminé, soit moins indécis, ce qui revient à peu près au même. Enfin, presque. Bien que je croie, dans mon for intérieur, que ce soit peine perdue. Pourquoi? Parce que je suis de nature fataliste. Je n'y peux rien, c'est comme ça!

L'adorée

La scène se passe dans la boutique du marchand de solfège Da Capo. Entre Carla Ouzo, cantatrice de renom et habituée de la maison.

— Bonjour, Monsieur Da Capo.

— Bonjour, *signora* Ouzo. Qu'est-ce que je vous sers aujourd'hui?

— Vous avez des bémols?

— Non, mais j'en ai des durs, importés d'Allemagne. Une très belle gamme.

— Mettez-m'en trois, non, quatre mesures. J'ai aussi besoin d'intervalles.

— Des tierces, des quartes, des sixtes?

— Une quinte de tout.

— Un peu d'entresols avec ça?

— Vous les vendez à la pièce?

— Bien sûr. Clé et portée incluses.

— D'accord. Deux entresols bien frais.

— Je vous signale que le son et la voix ne sont pas chers cette semaine. Vous savez que c'est très tonique et, de plus, excellent contre la syncope.

— Eh bien, dans ce cas, donnez-moi un morceau de chacun. Et ça, qu'est-ce que c'est? Un silence?

— Oui. Celui-là est d'or, mais j'en ai aussi des chromatiques. Pour les ornements, on ne fait pas mieux. Peut-être préférez-vous des soupirs?

— Non, non, pas de soupirs. C'est passé de mode. Dites-moi plutôt combien vaut la ronde?

— Elle est en réclame. Seulement sept croches. À ce prix-là, c'est donné.

— C'est vous qui le dites! Vous me les triez? Il me faut six noires et douze blanches.

— Très bien, *signora*. Je vous ajoute un petit contrepoint, en prime.

— Le ton est toujours aussi cher?

— Toujours, hélas! Il a même monté, surtout dans le *do*.

— Alors, je n'en prendrai qu'un demi. Ce sera tout.

— Voilà. Ça fera au total 80 diapasons et 8 sextolets.

— Vous l'inscrivez à votre registre et je vous règle la prochaine fois, comme d'habitude?

— C'est que vous me devez...

— Au revoir, Monsieur Da Capo, et merci encore.

— Au revoir, *signora* Ouzo. (*Elle sort.*) Ah la la! C'est toujours pareil avec ces contraltos. Plus la note est élevée, moins on les voit s'attarder.

« Ça change, ça change »

Il y a plus de 40 ans déjà, Boris Vian chantait dans sa *Complainte du progrès* les mérites d'appareils aussi révolutionnaires que le canon à patates, l'éventre-tomate et le ratatine-ordures. Le prochain Salon international de l'électroménager nous montre que, si ces inventions n'ont malheureusement pu voir le jour, d'autres sont venues nous libérer de nombreuses servitudes culinaires et ménagères. Notre reporter a recensé pour vous les plus récentes innovations qui y seront présentées.

Parmi les nouveautés les plus attendues de ce salon, signalons tout d'abord la friteuse avec lèche-frites incorporé, qui permet de goûter sans risque de se graisser, et la centrifugeuse universelle, qui extrait tous les jus de fruits et de racines, en particulier de racines carrées (de chou ou de laitue, par exemple).

Divers accessoires très pratiques font leur apparition, comme la louche autochauffante, qui garde la soupe chaude jusque dans l'assiette, et le rouleau à pâtisserie multidirectionnel, qui se roule sans effort dans tous les sens grâce à sa boussole intégrée, sans oublier le bain-marie à remous (idéal pour faire tourner le lait), le couteau de sûreté à lame pré-émoussée et l'écumoire garantie sans trou avec manche amovible.

Les amateurs de gadgets pourront se laisser tenter par le gaufrier-gratineur à télécommande, l'ouvre-boîte décapsuleur avec taille-crayon intégré, le presse-agrumes et presse-purée combiné, le chauffe-cire à épiler à piles ou la balance de 75 g de portée, idéale pour toute personne soucieuse de sa ligne ou contrainte de suivre un régime alimentaire.

Compléments indispensables de toute réception réussie, l'aiguiseur d'appétit à lames interchangeables vient à bout des convives les moins affamés et le porte-toast mains libres met votre cristallerie à l'abri des emportements intempestifs.

La sécurité continue de figurer parmi les préoccupations des concepteurs, comme en font foi le fume-cigarette entièrement automatique et le congélateur avec système de dégivrage à crampons antidérapants. Certains ont résolument opté pour l'efficacité et l'économie d'énergie avec cette toute nouvelle cuisinière alimentée directement par un cordon d'alimentation (finie pour elle la corvée des courses au supermarché) et cet astucieux moulin à café et à vent.

Enfin, la vitrine technologique — avec lèche-vitrines incorporé — laisse entrevoir, à l'aube du troisième millénaire, la mise au point de matériel véritablement novateur tel que le torchon à essuyer les revers, le four pour échecs cuisants et le remue-ménage avec voyant pour idées lumineuses.

Le drame de la Quasimodo

Le monde de l'opéra est toujours sans nouvelles de la soprano italienne Bianca Castafiore, disparue en avril dernier dans des circonstances mystérieuses. On se rappelle que la diva, de retour de Montréal, entreprenait alors une tournée des pays du Balkanto en participant au premier Festival d'art lyrique La Belle Hellène, à Athènes. Elle créait à cette occasion le rôle-titre — qui était son premier rôle travesti — de l'opéra *El Pataquès*, œuvre posthume de son compatriote et ami Ottorino Larengo. Au dernier acte, après l'air *Je brûle de me venger* du Grand Inquisiteur, interprété par le ténor grec Mario Quellas, au moment précis où le toréador (Castafiore) entonne la cavatine *Pourquoi ruminer de si funestes projets*, la grande salle de l'avenue de Milo s'est subitement trouvée plongée dans la plus complète obscurité. Avant que les spectateurs aient eu le temps de réagir, le courant électrique était rétabli mais il n'y avait plus sur scène que l'Inquisiteur, seul. Bianca Castafiore s'était volatilisée! Personne ne l'a revue depuis ce jour.

Toutes les hypothèses ont été envisagées pour expliquer cet enlèvement: règlement de comptes, complot politique, crime passionnel. La légende du fantôme de l'Opéra, que l'on croyait oubliée depuis des lustres, refait même surface. Le Théâtre national serait en effet hanté, selon certains, par une ombre squelettique masquée qui aurait élu domicile dans les profondeurs des sous-sols, selon d'autres par un nain bossu et claudicant qui vivrait sous les combles.

La disparition de Bianca Castafiore a semé, il va sans dire, la stupeur et la consternation parmi les mélomanes. Il se trouve cependant de méchantes langues pour insinuer que le ravissement de l'une fait le ravissement des autres... Pour son mari, le richissime armateur d'opéra Aristide Oasis, il s'agit de toute évidence d'un rapt crapuleux. Il se dit prêt à payer la rançon et n'a qu'un seul souhait à formuler à l'adresse de sa tentatrice préférée : « Réponds, réponds, réponds vite ».

Signalons à l'intention des discophiles que, depuis ce tragique événement, la maison Errata a réédité un coffret de trois disques groupant quelques duos extraits d'opéras français aujourd'hui oubliés, chantés par Bianca Castafiore et le contralto Carla Ouzo. Ce coffret contient entre autres deux airs de Benjamin Cadet, soit « Suzanne, ouvre-moi » (*Ali-Baba et l'effarante voleuse*) et « Dites donc, Énée, Prométhée-vous de Médée ? » (*Le Maure à Venise*).

Nous souhaitons, en terminant, que les bruits faisant état de la mort du rossignol milanais ne soient que de vulgaires canards et que cet enregistrement ne constitue pas son chant du cygne. Nous lui devons de rester sereins...

Battue, la chamade

Ils se trouvaient depuis une certaine lurette à l'orée d'un aboi. Elle s'en doutait, mais pour lui c'était encore un insu. Malgré d'ultimes tire-d'ailes, leur vie commune était devenue une affilée de dérobées et de contestes. Ils s'opposaient dans un tire-larigot de contre-pieds et de contredits qui leur laissaient un arrière-goût d'acrimonie. Sans qu'ils s'en fussent vraiment rendu compte, l'heur venait de s'écouler.

Aussi ce ne fut ni une improviste ni un dépourvu, et encore moins un brûle-pourpoint, lorsqu'elle l'informa sans truchement ni entremise, avec cette franquette qu'il reconnaissait comme son aloi le plus précieux, qu'à partir de dorénavant son cœur-joie reposait tout entier sur un tiers. Ne sentant plus devoir faire un catimini ni un tapinois de cette situation, elle ne mit aucun ambage dans cette annonce, dont l'emblée lui occasionna un détriment indescriptible.

Le moindre venant apprit bientôt que leur ménage filait vers un vau-l'eau, comme l'esquif vers le récif. Il ne fit pas d'encombre à leur séparation car le tue-tête et les noises ne servaient à rien. Tout lui semblait déjà et d'ores une encontre insurmontable, et il se sentait pour ainsi dire comme un rancart. Le cours de sa vie n'était plus qu'un guingois où il cheminait avec maints tâtons et autant d'aveuglettes, son cœur tiraillé par un incessant hue-et-dia.

Pendant de longues entrefaites, il réagit avec beaucoup de rebrousse-poil et de contrecœur car au fond il assumait difficilement les dépens de cette tournure. Il se reprochait sa trop grande vergogne et la férule que celle-ci avait exercée sur sa vie de conjoint. Ce ne fut que plusieurs lustres après leur rupture qu'il résolut de troquer le plat ventre pour le pied d'œuvre. L'instar de son entourage lui prouva d'ailleurs qu'il était loin d'être seul à ne plus être deux. Cette définitive l'amena à envisager de nouveaux rapports avec les femmes, fondés non plus sur la merci mais sur un demeurant solide, un arrache-pied indéfectible et un plus grand unisson.

Il y eut bien sûr quelques anicroches, son moral connut souvent des rebours et des reculons. Mais grâce à l'auspice et à l'égide de ses proches, il finit par retrouver son escient et par affirmer son dévolu au bonheur. Il venait de comprendre qu'un couple qui délaisse le califourchon se retrouve tard ou tôt sur un cloche-pied et finit par trébucher à la moindre jambette.

Le chanteur inconnu

Nous vous présentons quelques extraits d'une entrevue que nous a accordée un membre de la troupe du Théâtre lyrique populaire spécialisé dans les utilités. Ce chanteur a préféré, pour des raisons que nos lecteurs et lectrices comprendront, conserver l'anonymat.

«Après de nombreuses années d'études au Conservatoire, j'ai fait mes débuts sur scène dans le personnage de l'officier du registre de *Madame Butterfly*. Je n'avais qu'un mot à dire, «Postérité!», mais je le disais si bien qu'on m'a immédiatement confié un rôle plus important, celui du héraut dans *Macbeth*, qui intervient au 3ᵉ acte pour annoncer «La reine!». Puis je suis parti en tournée avec un rôle difficile mais combien gratifiant, celui du domestique de la *Traviata*. Sa fameuse réplique, «Madame est servie», reste une de mes plus grandes réussites.

«Les emplois subalternes sont, contrairement à ce que l'on croit, particulièrement exigeants. Sans une concentration suffisante, on risque par exemple de confondre le texte de deux personnages différents, comme cela m'est arrivé lorsque je jouais *Tosca*. Vous savez que, au dernier acte, le geôlier, s'adressant à Cavaradossi — qui était alors interprété par le grand ténor grec Mario Quellas —, lui dit: «Mais vous, peut-être voulez-vous voir un prêtre?»

Au lieu de cela, j'ai répondu comme le bohémien de *Carmen* : « Mais vous, voulez-vous aussi des lorgnettes ? »

« Aujourd'hui, je m'oriente de plus en plus vers les rôles de composition, tel celui du notaire de *La Fille du régiment*. Que de nuances dans cette unique question : « Tout le monde est-il présent ? » Je vais d'ailleurs bientôt enregistrer *Thaïs*, de Massenet, pour la maison Déca-Puccino. Je chanterai le très beau rôle du domestique de Nicias, qui représente pour moi la consécration de ma carrière.

Va, mendiant, chercher ailleurs ta vie
Mon maître ne reçoit pas les chiens comme toi.

Vous ne pouvez en effet concevoir la satisfaction qu'un artiste de ma condition peut éprouver quand il s'adresse ainsi, pour la première fois de sa carrière, au chanteur vedette de l'opéra ! »

L'enfance de l'art

Ma vie n'a jusqu'ici été qu'une suite d'échecs. Et si j'en crois un historien célèbre, qui dit que grâce au passé on pressent le futur, l'avenir ne s'annonce guère plus brillant.

Mes parents, pour qui j'étais le mouton noir de la famille — ce qui est normal puisque je suis l'aîné...–, m'ont inscrit tout jeune à une école d'horlogerie. Quand ils se sont aperçus que j'y perdais mon temps, ils se sont lassés et m'ont placé comme apprenti chez un cordonnier. Celui-ci n'ignorait sûrement pas que c'est au talon d'Achille que le bas blesse car il me traitait sans cesse de va-nu-pieds. Ne pouvant supporter plus longtemps ses sarcasmes, je suis parti. Je me suis d'abord orienté vers la haute couture puis, de fil en aiguille, vers le tissage. On refusait cependant de m'embaucher, prétextant que je n'avais pas de métier.

J'ai alors pensé faire carrière dans l'assurance, bien que j'en manquasse, avant de trouver une place d'institu-teur dans une école maternelle pour enfants analphabètes. La directrice n'a pas tardé à devenir ma maîtresse, car elle avait un corps... professoral, pour ne pas dire magistral. Afin d'éviter un scandale, nous nous sommes mariés dis-crètement, sans cérémonie. Mais il était trop tard, nous avons été tous les deux renvoyés.

Ma femme fait aujourd'hui du modélisme en posant nue pour un miniaturiste, alors que moi je suis l'habilleur d'une effeuilleuse dans une boîte de strip-tease dont le nom est, devinez quoi? *La vie en rose...*

Tournée en rond

Erreur involontaire? Hasard imprévu? Négligente insouciance? Mon père se trouva un jour ruiné grâce au jeu. Joueur invétéré depuis longtemps, il avait misé sa dernière chemise sur le tapis vert mais la roue de la fortune lui avait fait faux bond.

— Maintenant, nous ne risquons plus de gagner, gémit amèrement ma mère en apercevant son époux, le torse nu et la mine basse.

Nous nous vîmes dès lors forcés, contre notre gré, de réduire au maximum notre train de vie, qui n'était déjà plus qu'un tortillard sur une voie fêlée. Nous vendîmes notre petite maisonnette en bois de pin pour louer un modeste réduit où nous subsistions avec les seules prestations du bien-aide social. Mon père se mit à jouir d'une mauvaise santé et ne tarda pas rapidement à sombrer dans une noire mélancolie.

— Tout est de ta faute, lançait-il à ma mère. Tu m'as mis des bâtons dans les roues au lieu d'y mettre l'épaule.

— Tu as beau me jeter la poutre aux yeux, tu ne vois même pas la paille sur laquelle tu nous as jetés! lui répliquait ma mère, pour qui l'amertume n'était pas l'apanage exclusif de mon père.

Malgré tout et en dépit de cela, nous nous relayions tour à tour à son chevet, redoutant le dénouement final de notre fâcheuse mésaventure. Chassant le naturel au galop, mon père retrouva son caractère de gai luron et de joyeux optimiste.

— Nous allons repartir à zéro, claironna-t-il, tout guilleret, à la cantonade et à la stupéfaction générale.

— Si nous repartions plutôt à neuf, nous aurions déjà quelques longueurs d'avance! maugréa en rouspétant ma mère, qui tenait mordicus à avoir l'ultime et dernier mot.

— Je me suis trompé jusqu'aux os, contrit mon père. Il est temps que je me prenne en main et que je devienne le maître d'œuvre, ou plutôt le chef d'œuvre de ma destinée.

Il tâta de différents métiers: tireur de chevillettes, voyageur de noces, batelier sur les canaux d'Écosse. Il s'intéressa de près au libre-échange et créa le mouvement international Douaniers sans frontières. Après avoir publié un *Atlas de poche des microclimats*, il chercha à résoudre la quadrature du cercle en explorant les quatre coins du globe.

Cartes sur Tables

Nous inspirant des préceptes que Dieu et l'Église enseignaient autrefois à leurs fidèles sous la forme de commandements, nous avons rédigé pour l'édification des mélomanes et autres habitués de nos salles de concert le dodécalogue suivant.

Ponctuel point ne seras
Au concert ni à l'opéra.

Le silence ne garderas
entre les entractes qu'involontairement.

De distraire autrui entreprendras
Sans son accord ni son consentement.

Bracelets et breloques agiteras
Comme le percussionniste et ses instruments.

À contretemps tu tousseras
et éternueras pareillement.

Seul ou à deux tu adoreras
Bâiller et soupirer ostensiblement.

Du pied sans cesse tu battras
La mesure fidèlement.

Les partitions tu fredonneras
En fermant les yeux dévotement.

L'œuvre très chère ne désireras
Entendre qu'en un remue-ménage incessant.

Les *Chut!* de tes voisins ignoreras
Qui te sont des commandements.

Bien en vain tu jureras
De ne plus applaudir au mauvais moment.

Terre et mer remueras
Afin de partir plus rapidement.

Métrise de soi

SOPHIE : Papa, qu'est-ce que c'est une verge ?

PAPA : Une verge ! *(Se tournant vers maman.)* Ils ont commencé les cours d'éducation sexuelle à l'école ? *(Maman fait signe que non.)* Une verge, ben, c'est... Ça dépend dans quel sens tu l'emploies, que tu emploies le mot *vierge*, je veux dire « verge ».

SOPHIE : Dans le sens de la longueur. C'est pour mon devoir d'arithmétique. La maîtresse dit qu'on s'en sert plus de la verge, aujourd'hui. C'est vrai ? T'en sers-tu encore, toi ?

PAPA : Moi ? Oui, je veux dire non. Je ne m'en sers plus. Mais quand j'étais jeune, je trouvais ça pratique, pratique pour les calculs. Pour calculer, quoi ! Tu comprends ?

SOPHIE : Oui. Comment on fait pour avoir une verge ?

PAPA : Ben, on prend... on prend son pied, je veux dire UN pied. On prend un pied, n'importe lequel, puis on multiplie par trois. Ça fait trois pieds, ou trente-six pouces. Passe-moi ta règle, je vais te montrer.

SOPHIE : J'en ai pas de règle, papa.

PAPA : T'en as pas ? C'est pas grave, ça presse pas. *(Il s'éponge le front.)* Continue ton devoir, Sophie.

Sophie : J'ai fini, papa. Il me reste juste mon devoir de français. *(Elle ouvre son livre.)* Papa, sais-tu ce qu'ils font, Pierre pis Marie, au bord de la rivière ?

Papa : Non, je le sais pas. *(Il regarde maman, inquiet.)* Qu'est-ce qu'ils font, Pierre pis Marie, au bord de la rivière ? Un pique-nique ?

Sophie : Non. *(Elle lit.)* « Pierre et Marie *pêchent* au bord de la rivière. »

Papa : Ils pèchent ? Il manquait plus que ça !

Beau teint, mauvais teint

Je traverse d'un pas rapide le rayon des produits de toilette pour hommes quand une jeune femme en blouse blanche m'aborde.

— Bonjour, monsieur. Les produits Adonis sont en promotion cette semaine. Ce magnifique ensemble est offert à la moitié de son prix habituel.

— C'est que je ne...

— Je vous propose d'essayer cette crème sans aucun engagement de votre part, dit-elle en m'enduisant illico les joues.

— Qu'est-ce que... qu'est-ce que c'est, exactement?

— C'est une crème action anti-âge multi-régénérante aux liposomes.

— Anti-âge? Est-ce que j'ai l'air si vieux que ça?

— Pas du tout, monsieur. Cette crème s'adresse aux hommes de tout âge.

— Mon œil! me fors-je intérieurement. Anti-âge, c'est synonyme d'antirides?

— L'antirides agit différemment, tout comme le réducteur de rides et le capture-rides.

— Ah bon! Et pourquoi m'appliquez-vous l'anti-âge sur le visage? Je vieillis de partout, vous savez.

Ma remarque ne la fait ni ciller, ni sourciller.

— Cette crème fait partie d'un ensemble comprenant

un gel gommage douceur et un fluide révélateur aux éléments marins.

— Un gel qui gomme ce que le fluide révèle, j'imagine? insinué-je caustiquement.

— Pas tout à fait, monsieur, poursuit-elle imperturbable. Mais les éléments marins sont très actuels. Et entièrement naturels.

— Ça tombe bien, la mer, c'est mon élément.

— Prenez-vous beaucoup de soleil?

— Seulement quand je vais dans le Sud. Mais je suis prudent. J'ai peur d'attraper un cancer, vous savez, le terrible cancer du Tropique…

Mon humour la laisse de glace.

— Nous avons justement en réclame un écran antisolaire dermo-protecteur accompagné d'une émulsion auto-bronzante intensive.

— On n'est jamais si bien servi que par soi-même.

— Dans votre cas, je vous recommanderais fortement notre tout nouveau masque réparateur Vitalité Suprême.

— Un masque! Mais vous commencez sérieusement à me faire peur!

— Il s'agit d'une formule de pointe à triple phase enrichie de multivitamines et de coenzymes.

— Si vous voulez mon avis, dis-je en me dégageant de son emprise, ce ne sont pas les vitamines qui enrichissent votre produit, c'est plutôt vos produits qui vous enrichissent.

— Attendez, monsieur. Pour vous remercier, Adonis vous offre gratuitement ce baume intégral Onction Extrême.

— Onction Extrême? Non, hurlé-je en m'enfuyant, je ne veux pas voir de prêtre, je ne suis pas prêt!

Petites annonces

Offre d'emploi
Agence spécialisée cherche chanteur pouvant jouer rôle de femme déguisée en homme. Travesties et castrats s'abstenir.

Cours par correspondance
Cours de la Diction Francais. Premier Lesson Gratis. Aucun Material Requis. Professeur Certifié avec 20 Ans d'Experience. Confidentialité Guarantie.
Godfrey Beauparlant, P.O. Box 421, Toronto.

À vendre
Solde d'enregistrements pirates du *Corsaire* de Verdi sur étiquette Buccaneer.
Chez Delacôte et Frères, disquaires.

Collection de timbres au prix du gros. Également lot de trilles, appoggiatures et *grupettos* n'ayant jamais servi. S'adresser à M. Da Capo, marchand de musique.

Restaurant
Dîners-concerts intimes *Chez Roland*. Vos chansons de gestes favorites interprétées par la mime Chantal Samson.

Demande d'emploi

Tourneur de pages ambidextre cherche place auprès pianistes duettistes.

Figures libres

Il existe de nombreuses sortes de figures : les figures de cire, les tristes figures (et le fruit de leur union, les tristes sires), les figures de Proust et, bien sûr, les figures de rhétorique. Qui dit figure dit image, et qui dit image dit mille mots ! Mais pourquoi, à l'inverse, un mot ne vaudrait-il pas mille images ? C'est ce que tentent d'illustrer les exercices de style suivants, qui exploitent en toute liberté certains des procédés littéraires les plus courants.

Le poil de la bête

Métaphore: procédé qui consiste à employer un terme concret dans un contexte abstrait.

Tout le monde sait que nous vivons des années de vaches maigres. Après avoir adoré le veau d'or et tué le veau gras, voici venu le moment de dire, comme La Fontaine, «adieu veau, vache, cochon, couvée». La poule au pot et le coq en pâte ont cédé leur place, dans l'assiette au beurre, à la vache enragée.

Quand on les accuse d'être responsables de la situation, nos dirigeants jouent les oies blanches qui se cachent la tête dans le sable et pleurent des larmes de crocodile. Certains, particulièrement hypocrites, prétextent avoir d'autres chats à fouetter, même s'ils affirment qu'il n'y a pas de quoi fouetter un chat. D'autres, enfin, se parent des plumes du paon pour mieux monter sur leurs grands chevaux. Sans eux, prétendent-ils, la crise actuelle serait pire qu'elle ne l'est.

La vérité, c'est que nos hommes politiques nous ont posé un lapin et que nous, nous avons mordu à l'hameçon. Loin de moi l'idée de chercher un bouc émissaire tout en courant deux lièvres à la fois. Mais je tiens à rappeler que le citoyen, comme la mule du pape, a une mémoire d'éléphant. Il en a assez d'être le dindon de la farce qui se fait saigner à blanc et payer en monnaie de singe. Ce qu'il veut désormais, c'est la part du lion.

L'État, en surtaxant le contribuable, ne se rend pas compte que d'une main, il tue la poule aux œufs d'or et de l'autre, il tarit sa vache à lait. La reprise économique doit être notre cheval de bataille. Et pour ça, il nous faut rien moins qu'un remède de cheval. Le politicien ne doit plus se contenter d'être le berger qui traite ses moutons de Panurge comme du bétail, ramenant les brebis galeuses et chassant les égarées. Il est temps qu'il prenne le taureau par les cornes, sans pour autant mettre la charrue devant les bœufs et encore moins vendre la peau de l'ours.

Nous sommes à l'heure de la concertation et du partenariat. Arrêtons donc de jouer au chat et à la souris qui se regardent en chiens de faïence. Soyons plutôt de fins renards et hurlons avec les loups dans la gueule desquels nous allions nous jeter. La récession commence à battre de l'aile, ce qui veut dire qu'elle va bientôt entonner son chant du cygne. Les rats, la queue entre les jambes, vont bientôt quitter le navire pour se retrouver le bec à l'eau. Retombons au plus vite sur nos pattes et reprenons, dès maintenant, du poil de la bête.

Gorge chaude

Syllepse : figure par laquelle un mot est employé à la fois au propre et au figuré.

— Pourquoi venez-vous me consulter aujourd'hui ?

— Docteur, j'ai peur d'avoir quelque chose sur les bras. Souvent, quand je regarde les nouvelles à la télé, les bras m'en tombent.

— Il ne faut jamais baisser les bras, sinon vous risquez de vous retrouver un jour à bras raccourcis.

— Moi qui ai toujours cru avoir le bras long, surtout le bras droit.

— Ce qui est sûr, c'est que vous êtes à bout, à bout de bras j'entends. Serrez les coudes. Plus fort. Levez-les.

— Docteur ! si je lève le coude, je vais avoir mal aux cheveux !

— Vous arrive-t-il de jouer des coudes ?

— Oui, avec un dé, un dé à coude. Il m'arrive aussi de jouer aux cartes.

— Que ressentez-vous quand vous passez la main ?

— Que je n'ai pas la mainmise.

— Et quand vous faites main basse ?

— Que j'ai la main haute.

— Bon, donnez-moi la main. Non, pas celle-là, l'autre, la main propre. Oh, mais vous n'y êtes pas allé de main morte! Elle est toute chaude, comme si vous l'aviez mise au feu.

— J'ai donné un coup de main récemment, et j'ai eu mal jusque dans le cou. Regardez, ici, où je prends mes jambes à mon cou.

— C'est cela qui vous fait une belle jambe. Que vous êtes-vous fait sur le bout des doigts?

— Oh, rien. Je me suis mordu les doigts, les deux doigts de la main. Et ce matin, je me suis mis un doigt dans l'œil. Résultat: j'ai mal au doigt et à l'œil.

— Qu'avez-vous derrière la tête?

— Mon coiffeur m'a tiré par les cheveux et me les a coupés en quatre. J'en ai plein le dos. Docteur, regardez-moi. Savez-vous qu'il m'arrive d'avoir froid aux yeux?

— Ça se voit à l'œil nu.

— Qu'est-ce que vous me conseillez?

— Il faut savoir fermer les yeux à l'occasion. Quand quelque chose vous saute aux yeux, avez-vous l'habitude de tourner de l'œil?

— Jamais, sauf quand quelqu'un me tape dans l'œil.

— Ouvrez la bouche. Faites «aaah». Tirez la langue. Tenez votre langue. Vous avez la dent dure!

— C'est pour ça qu'on dit que j'ai une tête à cla-ques... à claquer des dents.

— Serrez les dents.

— Je ne peux pas, docteur. Quand je mords aux dents, ça me fait horriblement souffrir. Et quand je suis sur les dents...

— C'est comme si vous étiez sur les genoux, je sais. Vous avez quelque chose qui vous pend ici, au bout du nez.

— Oh ça, c'est un verre que j'ai dans le nez depuis hier soir.

— Ce verre doit vous mettre l'eau à la bouche, non ? Vous tirez-vous souvent les verres du nez ?

— Oui. Comment le savez-vous ?

— À force de tirer, votre nez s'est allongé. Si bien que vous avez maintenant presque un pied de nez.

— Parlant de pieds, docteur, j'aimerais que vous les examiniez. Quand je me réveille le matin pour prendre mon pied, je me sens tout à coup le pied ferme.

— Ne vous inquiétez pas pour ça. Se réveiller au pied levé, pour un homme, est tout à fait normal, surtout s'il a un corps... un corps au pied.

— Je vous jure, docteur, que dans mon cas, ce n'est ni un pied de grue, ni un pied de biche, ni un pied de poule !

Il faut ce qu'il faut

Truisme : figure de pensée par laquelle on explicite des contenus sous-entendus qui étaient déjà évidents.

ELLE : Musset disait qu'une porte doit être ouverte ou fermée. Qu'en pensez-vous ?

LUI : Ça me semble évident.

ELLE : À moi aussi. Si elle n'est pas ouverte, c'est qu'elle est fermée. Et vice versa.

LUI : Si elle n'est pas fermée, c'est qu'elle est ouverte.

ELLE : Mais une porte peut être à moitié ouverte, ou à moitié fermée.

LUI : Même à moitié ouverte, elle reste toujours ouverte.

ELLE : Ce n'est pas comme un verre à moitié plein.

LUI : Qui est aussi à moitié vide.

ELLE : C'est du pareil au même.

LUI : C'est blanc bonnet et bonnet blanc.

ELLE : *(En vidant son verre.)* Qui a bu boira.

LUI : Jamais au grand jamais !

ELLE : Comment ça ? N'est-ce pas en forgeant qu'on devient forgeron ?

LUI : Une fois n'est pas coutume.

ELLE : D'accord, mais on ne fait quand même pas d'omelettes sans casser d'œufs.

LUI : Je le reconnais. Cependant, rappelez-vous qu'on ne peut pas être à la fois juge et partie.

ELLE : C'est la vérité vraie. Et puis partir, c'est mourir un peu.

LUI : Tout comme donner, c'est donner.

ELLE : Quand on meurt, c'est pour la vie.

LUI : De toute façon, on finit toujours par rendre à César ce qui appartient à César.

ELLE : C'est normal. D'ailleurs, à Rome, il faut vivre comme les Romains.

LUI : Il faut que tout le monde vive... vive sa vie, quoi.

ELLE : C'est la vie.

LUI : Il faut ce qu'il faut.

ELLE : Même si ce n'est pas tous les jours fête.

LUI : C'est vrai, mais après la pluie le beau temps.

ELLE : Demain, il fera jour.

LUI : Le soleil luit pour tout le monde.

ELLE : Paris ne s'est pas fait en un jour.

LUI : Oui, mais Paris sera toujours Paris.

ELLE : Bon, c'est beau de parler pour parler, mais assez c'est assez.

LUI : Je dirais plutôt : assez c'est bien mais trop c'est trop.

ELLE : Le temps c'est de l'argent et les affaires sont les affaires. Je dois jouer le tout pour le tout et boucler la boucle.

LUI : La loi est dure mais c'est la loi.

ELLE : Non, mais c'est vrai : il ne faut pas avoir peur d'appeler un chat un chat.

LUI : Vous avez parfaitement raison. Ce qui est dit est dit.

ELLE : Et ce qui est fait est fait.

LUI : Tout est bien qui finit bien.

ELLE : Je voudrais bien rester encore, mais je ne peux pas.

LUI : Vouloir c'est pouvoir.

ELLE : Vous m'en voulez, je le sens. Œil pour œil, dent pour dent, c'est ça ?

LUI : Il n'y pas de fumée sans feu.

ELLE : Tant pis pour moi. Tel est pris qui croyait prendre.

Chanson de gestes

Hyperbole: procédé qui consiste à mettre en relief une idée au moyen d'une expression qui la dépasse.

Litote: procédé qui consiste à atténuer l'expression de sa pensée pour faire entendre le plus en disant le moins.

— Mimi Samson, vous êtes la star incontestée de la pantomime contemporaine. On dit de vous que vous êtes le plus grand mime de l'histoire après Marceau.

M.S. — Je ne sais pas si Marceau serait d'accord avec ce jugement.

— Votre dernier spectacle...

M.S. — *Chansons de gestes.*

— ... *Chansons de gestes*, a reçu un accueil absolument délirant. Quand je vous ai vue l'autre soir, sur scène, gesticuler comme vous le faites, les bras m'en sont littéralement tombés. Je suis resté complètement bouche bée, muet d'admiration. C'était tellement... criant de vérité! Comment faites-vous pour exprimer autant de choses avec, somme toute, si peu de moyens?

M.S. — C'est l'essence même de la pantomime.

— Vous entamez bientôt une tournée triomphale autour du monde, qui va vous mener, en quelques semaines, de l'Abitibi à l'Indonésie. Même l'Afrique vous réclame à Dakar et à Conakry, si vous me permettez ce jeu de mots. Quel effet ça vous fait d'être aussi célèbre?

M.S. — Ça ne me laisse pas indifférente. Pas du tout. Au contraire. Et si la même chose arrivait à quelqu'un d'autre que moi, je serais probablement tentée de l'envier.

— Vos parents doivent être prodigieusement fiers de vous, non?

M.S. — Il ne faudrait pas hésiter à leur demander. Je ne pense pas leur avoir donné de raisons de rougir de moi jusqu'ici. Du moins, je l'espère. Enfin, je le crois.

— Mimi Samson, le fait de pouvoir communiquer sans le recours du langage doit donner un formidable sentiment de puissance.

M.S. — «Puissance» est un bien grand mot.

— Comment amorce-t-on une carrière aussi phénoménale que la vôtre?

M.S. — Vous voulez dire qu'est-ce qui m'a amenée au mime?

— Exactement.

M.S. — Si je vous le disais, vous ne le croiriez pas.

— Vous avez raison, c'est incroyable! Je suis sûr que les auditeurs apprécieront cet aveu d'une spontanéité inouïe, qui trahit une personnalité excessivement simple et extrêmement attachante. Mimi Samson, la modestie ne serait-elle pas une qualité que vous cultivez à son paroxysme?

M.S. — Cela ne fait aucun doute dans mon esprit.

— Regrettez-vous parfois, en tant qu'artiste, de ne pas pouvoir joindre la parole au geste?

M.S. — Je dois vous répondre par la négative.

— Si je vous comprends bien, Mimi Samson, s'exprimer au moyen du langage est pour vous complètement superflu.

M.S. — Vous vous faites l'interprète fidèle de ma pensée.

— Pourtant, le langage corporel, ou gestuel, n'est-il pas considérablement plus ambigu que le langage verbal ?

M.S. — En quel sens ?

— Eh bien ! on dit souvent qu'une image vaut mille mots. Mille mots, c'est énorme, vous ne trouvez pas ?

M.S. — Je ne vois pas où vous voulez en venir.

— Hum, bon... Mimi Samson, vous avez toujours été extrêmement réticente à accorder des entrevues. Seriez-vous terrorisée à l'idée de ne pas pouvoir trouver les bons mots pour vous exprimer ?... Répondez-moi franchement et sans détour.

M.S. — Je trouve très naturel que vous en soyez venu à cette conclusion.

— [*Soupir.*] Vous avez déclaré récemment que vous vouez au cinéma muet un véritable culte. Pourquoi ?

M.S. — Personnellement, le cinéma parlant ne me dit rien.

— Vous avez aussi déclaré que... Mais je vois le réalisateur qui me fait signe...

M.S. — Je crois que l'entrevue tire à sa fin.

— Vous avez raison. Mimi Samson, en terminant, vous voilà parvenue à l'apogée, pour ne pas dire l'acmé de votre fulgurante ascension. Y a-t-il encore des défis qu'il vous reste à relever ?

M.S. — Je vous avoue que je ne détesterais pas, un jour, faire du mime à la radio.

— Mimi Samson, mille et une fois merci !

PFMRMRIT

Texte homonymique et alphabétique

M A M R. L A D B B A J T X I T N R V. C B B A
M A L O A É T O (ont) T T P T V C R O T. L S U C
L L L A C B T L L S I V L H O O S L : L A X U D. M
A A J.: L A R. M A L M (l') I J N. L S U I 1 N I M K
K O Q D B B.

L Q I D R L D B K C D O A. L S R A R V L N L
H I N. R V R I V A (la) T V. R V F H O M H O. (Il)
A V Q O P I D I N A V G T O N O M U T A K I N.
R V H A U T R I C M A : « M H R I (le) H I F I G R
A T ! » É X I G D Q I R A T L A T I R L E K K O. M
A A C C D D R V. L H A C. « C A C P D L H ! » R V
C F A C A I A B C R O C M A T.

L N L L O G (chez) M A. L N N N F U T. L M R
S A O K C L H E. L X L A H T R I G D A B I U P. L
C X R C A D K P L A V (l') L O J A O T (l') É K O (de
l') H O C R N O V L R U L R U L.

L N È A G R I D (mais) L A N R J F I R T. C I D
O : A Q I T (de l') E I N S F M N I T. L N È A T. L M
D S É D I T. L A U D K I O O N. L H U T S O T. L
J. L S N S O V R S K P (par) 1 A B. L E C. M U L N

A C D A (l') A B B A C M O Q Q. (L') A B A R I T D
F I J D G R O L N. L A X O C. L U I (l') A B A É T
A P S N O A I É I R A (la) B A O K. L N O (rait) M R
S I T D A V. L I R G. P F M R M R I T.

Paix éphémère et méritée

Emma est mère. Elle a des bébés agités, excités, énervés. Ses bébés à Emma, Éloi et Théo, (ont) tété, pété, vescé et roté. Elle est sucée, elle est lasse, hébétée, elle est lessivée, elle a chaud aux aisselles : elle a exsudé. Emma agit : elle aère. Emma, elle aime (l')hygi-ène. Elle ess-u-ie un n-i-ème caca au cul des bébés.

Elle cu-it des airelles, des bécasses et des oies. Elle les sert à Hervé, Hélène et la ch-i-enne. Hervé est rivé à (la) télé. Hervé est facho et macho. (Il) a vécu au pays des hy-ènes, a végété au Hainaut et muté à Ca-y-enne. Hervé a chahuté, hérissé Emma : « Eh ! ma chérie, (le) hachis est figé et raté ! » et exigé des cu-i-llers à thé et la thé-i-ère et le cacao. Emma a cessé d'aider Hervé. Elle l'a chassé. « C'est assez, pédé et lâche ! » Hervé s'est effacé, haï, abaissé et rossé et maté.

Hélène, elle, est logée (chez) Emma. Elle est naine et futée. Elle est mairesse à Oka, c'est elle la chef. Elle excelle à acheter, ériger des abbayes huppées. Elle s'est exercée à décaper et laver (l)es logis, à ôter (l)es cahots (de l)a chaussée et rénover et les rues, et les ruelles.

Hélène est âgée et ridée (mais) elle a énergie et f-i-erté. Ses idéaux : acu-i-té (de l')œ-il, aînesse et féménité. Hélène est athée. Elle aime déesses et déités. Elle a eu des ca-ill-ots aux aines. Elle a chuté et sauté. Elle gît. Elle est saine et sauve, et rescapée (par) un abbé. Elle le sait. Émue, Hélène a cédé à (l')abbé béat ses émaux cuculs. (L')abbé a hérité des effigies d'Égée, héros hellène. Elle l'a exaucé. Et lui, (l')abbé, a été happé et s'est n-o-y-é hier à (la) baie à Oka. Hélène au(rait) aimé réciter des *Ave*. Elle lit Hergé. Paix éphémère et méritée !

Soif de vivres

Cacologie: expression défectueuse qui, sans être grammaticalement incorrecte, contrevient à l'usage ou à la logique.

Le réveil sonne à s'en décrocher les mâchoires. Un rayon de lumière passe le plus clair de son temps par une anfractuosité du rideau. Un autre petit jour se lève, toujours à la bonne heure. J'ai rêvé que j'escaladais une montagne de Vénus mais je n'arrive pas à m'en souvenir. Pourtant, je ne me rappelle pas avoir eu une meilleure mémoire que maintenant.

Sous le plafonnier de la salle de bains, je m'abandonne sans sourciller à mon hygiène personnelle. Le rasoir me met le feu aux joues tandis que le miroir réfléchit à poings fermés des ans l'irréparable outrage. Je n'aurais pas la gueule de bois si, hier soir, je n'avais pas opiné du bonnet plutôt que d'en boire trop. Je me glisse sous la douche comme une lettre à la poste. «Comment ça lave?» «Savonne bien...»

Sans coup férir, la nature se rappelle à mon bon souvenir. Ma voix devient grêle comme l'intestin du même nom. Je m'approche de la lunette pour assouvir à la sauvette ce bas instinct qui réduit l'homme à sa plus simple expression. Je comprends tout à coup pourquoi la toilette est appelée «lieu des sens».

L'heure est creuse et mon estomac aussi. Normalement, c'est plutôt l'heure de pointe qui m'aiguise l'appétit. Une question se bouscule sur mes lèvres: Doit-on dire: «À ta santé» ou: «Bon appétit» à quelqu'un qui a soif de vivres?

Le café insoluble s'étiole sous mes yeux et le journal blafard cherche de midi à quatorze heures à capturer mon attention. Mon esprit s'égare parmi les conjectures du quotidien: si aujourd'hui n'est pas né d'hier et que ce n'est pas demain la veille, quel jour sommes-nous donc? Peut-on vivre bon an mal an du jour au lendemain à la petite semaine?

Me rongeant ainsi les sangs, je me meus vers ma chambre et me vêts sans maudire. Chaussé de mes gants, coiffé de mon imper, accompagné de mon parapluie, j'enfile ma casquette et j'empoigne mes lunettes. Envers et contre tous, je prends la direction de l'extérieur.

La porte écartée, je vois se dérouler de part et d'autre de mon regard le paysage ininterrompu. L'avenue se rue vers le boulevard. Les voitures à traction mécanique et les vélocipèdes caracolent à qui mieux mieux entre les deux trottoirs. Des piétons clairsemés se dandinent les uns les autres. Même si l'astre du jour ne fait pas figure de proue et que l'orage brûle de se manifester, la vie ne me semble respectivement prise ni de court ni même au dépourvu.

Prenant mon courage à deux mains et la vie du bon côté, je m'engage sur une voie chaussée de bonnes intentions. Il est temps, plus que jamais, de tirer le taureau par la queue et de prendre le diable par les cornes.

Nenni

Allitération : répétition des mêmes consonnes dans une suite de mots rapprochés.

— Mesdames, messieurs, bienvenue à l'institut Malavoy. Je suis la docteur Lasonde. Le principal trouble de la parole que nous traitons ici est le marmotte-ment, qui se caractérise par un sifflement, d'où le surnom de «siffleux» donné à ceux qui marmottent. Nous traitons aussi les personnes qui chevrotent, qui ânonnent, qui vitupèrent, celles qui minaudent à cause d'un chat dans la gorge, sans compter les ventriloques, qui s'expriment avec leurs tripes, et même les mormons, enfin ceux qui mor-monnent.

En raison de la recrudescence des mouvements néo-nazis, nous recevons de plus en plus de gens qui parlent du nez, des néonasilleurs. Pour vous en parler, le professeur Magnan, du département de rhinologie.

— Merci, professeur Lasonde. Le nasillement, on l'ignore, est inné. Pour soigner ce mal honni et ignominieux, on a de tout temps employé maintes sortes de médicaments. Anciennement, les Nippons nantis le soignaient avec un mélange d'igname, d'ananas et de banane d'Annam. Les mennonites animistes indonésiens consommaient un émincé de rognons et de champignons, nommément des amanites. Dans les mines d'ammonium de Nankin, on a même retrouvé des momies de moines et de nonnes avec des mandarines dans les narines.

Maintenant, d'éminents médecins recommandent unanimement le lavement anal pour amenuiser, amoindrir le son nasal. On introduit dans le fondement un anal-gésique à la menthe au moyen d'un manchon. On maintient le manchon pendant un moment. L'analgésique monte normalement au gésier puis, par mimétisme métaplasmique, au gosier et de là aux fosses nasales, où il annihile le nasillement en immunisant les sinus. Les inconvénients du lavement anal sont minimes : mentionnons les saignements de nez, l'anémie, l'amnésie. Mais quand on sent l'inanition imminente, on n'a qu'à faire comme moi : inhaler un oignon.

— Hum... Merci, professeur Magnan. Plusieurs de nos patients souffrent de zézaiement ou de suintement, je veux dire de chuintement. Voici justement un patient, presque entièrement guéri, qui prononçait tantôt « se » pour « che », tantôt « che » pour « se ». Bonjour, Sarles... Charles. Quoi de neuf ?

— La nuit dernière, j'ai fait un rêve étrange, un rêve scatologique. J'étais dans une forêt. L'étron que je chi...

— Si... si.

— ... que je SCI-ais était recouvert de mouches.

— Vous voulez dire de mousse, Sarles... Charles.

— Si vous voulez. Une femme me dit : « Viens faire un show c'est moi. » Là, je la tousse, je la mâche, je la chuchote même. Quel soc ! Je laisse chapeau sans tasse... si douche, sa serre de châtain. Elle veut que je sois torche nue et que je me mette des choux. Elle me dit «Chapelet à mes chances. Ne sèche pas. Grâce à toi, je suis en tranche!» Puis, je la choie sur mes anses. Je lui chatouille les échelles.

— Écoutez, Sarles... Charles...

— Elle est... en santé! Chantant que nous sommes tout sots, nous paissons sans souchis. «Sois hachurée, ma série, lui susurré-je, que je serai toujours ton sérum.» Tout à coup, elle se sent lâche, chiffonnée, et me fait une chaîne: «Tu me casses quelque chose.»

— Tout ceci est fort intéressant, Sarles... Charles. Mais pourquoi ne revenez-vous pas me voir ce soir. Nous lirons ensemble *Du côté de chez Swann.*

— Formidable, docteur! J'ai toujours rêvé d'aller du côté du Sechuan.

La cuisinière et le porcelet

Rime: disposition de sons identiques à la finale des mots placés à la fin des vers.

Un cordon-bleu au savoir encyclopédique
Régnait, destinée magnifique
Sur les estomacs de la belle province.
Elle s'appelait Jehane, elle avait l'air benoît.
Ni trop forte, ni trop mince
Ce chef va-t'au marché quérir un cochon.
Elle choisit avec précaution
Pour les besoins de sa cuisine
Un noble spécimen de la gent porcine.
Elle envisage avec envie
l'appétissante charcuterie
Lui fait des risettes
Songeant à ses rillettes.
« T'es un beau gras, t'as fière allure
T'es le phénix de la porcherie.
Je t'adore, porc chéri
Car je l'aime altière, la hure. »
Voyant que la femme allait vite en besogne
Notre animal aussitôt s'ébroue et grogne.
« Holà, ma belle, tu me confonds avec Ben Hur!

Ignores-tu que je suis cochon d'Inde, je veux dire hindou
Et qu'on doit, pour l'amour du lard, vénérer mon
saindoux ?
Du museau jusqu'à la queue je suis sacré, comme la vache
Et cela, maître queux, il faut que tu le saches.
J'ai peut-être une tête à fromage,
Mais j'exige, ainsi qu'à un truffier,
que Bocuse et Escoffier
me rendent hommage.
Avec ma chair à bacon
On me prend pour une andouille.
C'est oublier que j'ai des couilles
Et que je ne suis pas con. »
De sa supplique ne faisant aucun cas
Jehane paya le porc et l'emporta.
Sitôt chez elle, délaissant le pourceau
Elle s'affaire au-dessus du fourneau.
Le coquin, saisissant l'occasion
Plonge le coq, avec sa toque
Tout au fond du chaudron.
Jamais cuistot ne goûta d'aussi près son bouillon.
Dame Jehane mitonna jusqu'au matin.
Porcinet en fit maints jambons
Pâtés, cretons et boudins.
On dit même que sa galantine
Fit grand bruit dans les cantines.

Qui veut trop vite se farcir un cervelas
Ne fait que hâter le pas vers l'au-delà.
Et comme on dit dans les soues :
N'aie jamais le dessous
Et tu vivras, verrat.

Et je cite

Citation : passage d'un auteur rapporté exactement et signalé comme tel.

LUI : « L'esprit sert à tout mais il ne mène à rien », disait Talleyrand.

ELLE : Très juste. J'ajouterais, avec Ninon de Lenclos, qu'« il faut plus d'esprit pour faire l'amour que pour conduire des armées ».

LUI : Peut-être. Puisque vous parlez d'amour, que pensez-vous d'Eschyle, pour qui « la femme toute seule n'est rien » ?

ELLE : Rien. Je crois au contraire, comme la Genèse, qu'« il n'est pas bon que l'homme soit seul ».

LUI : Si je comprends bien, l'homme et la femme ne peuvent se passer l'un de l'autre. C'est sans doute pourquoi Ménandre affirme que « le mariage est un mal, mais un mal nécessaire ».

ELLE : Que dit-il sur l'amour ?

LUI : Je l'ignore. Ce que je sais par contre, c'est que pour Platon...

ELLE : « L'humour est plus tonique que l'amour platonique. »

LUI : Pas tout à fait. Pour Platon...

ELLE : ... «l'amour est aveugle».

LUI : Exact.

ELLE : Savez-vous pourquoi ?

LUI : Parce que les amoureux sont des... aveugles aimants.

ELLE : «Parce que l'amour a de meilleurs yeux que nous. »

LUI : Pas mal. Mais je préfère Lichtenberg à Rousseau : «L'amour est aveugle, mais le mariage lui rend la vue. »

ELLE : Encore le mariage !

LUI : Que voulez-vous, les grands auteurs sont intarissables sur le sujet ! « Les amoureux rêvent, les époux sont réveillés. » C'est de Pope, le poète anglais.

ELLE : Revenons plutôt aux rapports entre la femme et l'homme. «En ce qu'ils ont de commun, les deux sexes sont égaux ; en ce qu'ils ont de différent, ils ne sont pas comparables ». N'est-ce pas que c'est bien dit ?

LUI : En effet. J'irais cependant plus loin que Rousseau, que vous semblez bien apprécier : «Les femmes sont extrêmes : elles sont meilleures ou pires que les hommes. »

ELLE : C'est de vous ?

LUI : Non. De La Bruyère.

ELLE : Autrefois les hommes étaient misogynes par ignorance. Aujourd'hui ils le sont par insécurité.

LUI : C'est de Marie Cardinal ?

ELLE : Non, c'est de moi. Faites donc comme Musset : «Prenez le temps comme il vient, le vent comme il souffle, la femme comme elle est. »

LUI : « Ô fragilité, ton nom est femme. »

ELLE : C'est ça, allez puiser votre inspiration chez Hamlet !

Lui: Pourquoi pas? Vous préférez que je cite une de vos semblables? «L'instruction pour les femmes, c'est le luxe; le nécessaire, c'est la séduction.»

Elle: Madame de Girardin. Elle a aussi écrit: «La femme règne et ne gouverne pas.»

Lui: C'est normal: «Qui suit le conseil des femmes tombe en enfer!» *Dixit* le *Talmud*.

Elle: Réplique d'Euripide: «Des lèvres de la femme tombent de sages avis.»

Lui: Surtout de la sage-femme! Résumons-nous: «L'avis d'une femme est de peu de prix...»

Elle: «... mais qui ne le prend pas est un sot.»

Lui: Avouez que Cervantès connaissait bien les femmes.

Elle: Il connaissait encore mieux les hommes.

Lui: Et Molière? N'a-t-il pas écrit «La femme est un certain animal difficile à connaître»?

Elle: Oui, mais sa pièce s'intitule *Le dépit amoureux*... Oubliez Molière, et lisez plutôt l'Arioste: «L'homme est le seul animal qui injurie sa compagne».

Lui: Bah, comme on dit, «qui aime bien...»

Elle: Ah non, épargnez-nous les clichés!

Lui: Il y a parfois de l'esprit dans les clichés, et les clochers aussi! Et puis ne ramenons pas l'amour à un cliché, surtout pas l'amour du prochain, ou comme dirait Don Juan, l'amour de la prochaine.

Elle: «Tout homme a dans son cœur...»

Lui: «... un cochon qui sommeille.» Qu'est-ce que c'est, sinon un cliché?

Elle: Un trui-sme, voyons!

Larron d'occasion

Dérivation: procédé de formation d'un terme nouveau à partir d'un mot ou d'une expression de base.

C'est jour de foire sur la grand-place. Devant le palais de justice, un *plaideur égyptien* harangue la foule; malheureusement, ce *bâtonnier a le hoquet*. «*Avocat diabolique*!» lui lance le *jeteur de pierre*. «Fauteur de troubles! *Troubleur de fête*!» vocifère à son tour un *crieur cardiaque*, qui n'aime pas voir sa *joie rabattue*. «Il est *nul, ce prophète paysan*!» murmure *l'éclaireur de lanterne*, en se *prenant la vessie* à pleines mains.

Un peu plus loin, un *monteur de bateau*, perché sur un *radeau, méduse* les badauds. «*Taquiner l'amuse*, ce bateleur», observe l'*emboîteur de pas*, qui préfère *battre une semelle* que *talonner Achille*.

Un *larron d'occasion* se faufile en *tirant la laine* aux quidams aussi bien qu'aux messieurs. Pendant que des *papas barbus* font la queue chez le *raseur de murs*, qui lui tendent l'oreille, un *passeur d'éponge* et son beau frère lai recueillent des *sous pour les hospices*. Un *charmeur d'assaut* en profite pour *croiser la bannière* avec la *blanchisseuse de panache*.

Sous le chapiteau du cirque, dressé sur la place, les écuyers sont allés trois sur le cheval du même nombre.

Son crincrin fait le bonheur d'un *violoniste ingrat*. Au centre de la piste, le *serreur de coudes* se déhanche les épaules et *le plieur de Chine, fier Mongol, tord ses boyaux*. Là-haut, sous le regard ébloui des bouts de *chou ravis*, déambule le chef de *fil étoile*. Puis vient le tour du *perceur de chas* et du *gobeur d'hameçon*, qui avale d'un trait *l'œuf d'un colon, le 5ᵉ colon*. Comme il se doit, c'est le *cloueur de bec* qui *cloue la soirée*.

Près de la cantine du *cuistot de Jupiter* flotte une agréable odeur de *veau doré*. Un *boucleur de budget* se fait *couper des vivres* par le *boucher émissaire*. Le *maréchal ferré*, un *nerveux guerrier*, tranche des nœuds gordiens avec l'épée de Damoclès. Le fermier *range ses oignons* en buvant du *cidre d'Adam*. Un *historien belge* raconte à un *Russe montagnard*, un *Anglais « capoté »* et un *cheminot* damascène sa dernière histoire : celle du faussaire qui, après avoir peint des *faux Monet*, voulut vendre à un antiquaire *cent moquettes de l'an 40*.

Expressions de base :

plaie d'Égypte, bâton de hockey, avocat du diable, jeter la pierre, trouble-fête, cri du cœur, rabat-joie, nul n'est prophète en son pays, éclairer sa lanterne, prendre des vessies…

monter un bateau, radeau de la Méduse, taquiner la muse, emboîter le pas, battre la semelle, talon d'Achille

l'occasion fait le larron, tire-laine, barbe à papa, raser les murs, passer l'éponge, sous les auspices, char d'assaut, la croix et la bannière, panache blanc

violon d'Ingres, serrer les coudes, plier l'échine, mont-
golfière, tord-boyaux, chou-rave, étoile filante, chas percé,
gober l'hameçon, l'œuf de Colomb, la cinquième
colonne, clouer le bec, clou de la soirée

cuisse de Jupiter, veau d'or, boucler le budget, couper les
vivres, bouc émissaire, maréchal-ferrant, nerf de la guerre,
en rang d'oignons, pomme d'Adam, histoire belge, mon-
tagnes russes, capote anglaise, chemin de Damas, fausse
monnaie, s'en moquer comme de l'an 40

Abécédaire

A

Acre – Précurseur de l'are moderne

Ail – On se sert beaucoup de sa tête en cuisine

Alpinisme – Montée en neiges

Aneth – Participe à la cérémonie du marinage

Anse – On peut y boire une tasse

As – On les bat avant de les abattre

Astéroïde – Même exorbités, nos yeux ne le voient pas

Avis – C'est quand on ne les partage pas qu'ils sont partagés

B

Batman – *Man* céleste

Baume – Senteur sans reproche

Best-seller – Succès d'année

Béton – Ce n'est pas parce qu'il est armé qu'il se fait « coffrer »

Bilinguisme – Initiation au vaudou : entrée/*en transe*

Blanc-bec – Bise d'hiver

Boîte vocale – Voix de bocal

Bourgeon – Salue l'arrivée du printemps

Bracelet – Atour de bras

C

Cela – Autrement dit, c'est ça

Chef-d'œuvre – Quand l'art en sort (du rang)

Cheval de Troie – Don qui choque

Clone triste – Là où y a des gènes, y a pas de plaisir

Conclave – Concile à bulle

D

Diplômé – Sa licence lui évite, curieusement, d'être débauché

Disette – Faim de non-recevoir

Dot – Ne rend pas l'époux marri, bien au contraire

E

Écologiste – Il se porte même au secours des sentiers battus

Ectoplasme – Message du médium

Éden – Coté jardin

Éjaculer – Tirer un coup de semence

Essieu – Voyage toujours en train

Été – On ne s'en tanne pas mais une fois qu'il est parti, on est « tanné »

Étole – Vient après l'aube

Eunuque – Il n'aime pas les femmes, il les « harem »

F

Fellation – Tête-la-queue

Fenaison – Usage de faux

Firme – Grosse boîte avec fonds

G

Gant – Il contribue à protéger les doigts de la personne
Graffiti – Lieu commun des endroits publics
Gué – Endroit d'un bras où on peut mettre le pied

H

Haras – Hippothèque
Hospice – Gare du tri-âge
Hydrobase – Un nid d'avions

I

If – Constant sinople
Infographie – Art postmodem
Ire – Rage dedans

L

Lapidaire, style – Que celui qui n'a jamais péché lui jette
   la première pierre
Largesse – Vient souvent de celui qui a le bras long
Lavage de cerveau – Blanchiment de la mémoire
Liste – On la représente parfois sous forme de tableau

M

Madeleine – Elle met l'eau à la bouche ou la larme à l'œil
Marque – On la protège en la déposant
Masochiste – Pour lui, la caresse est le pire de tout sévice.
   Il enjoint qu'on le mutile et ça lui est agréable
Mat – Pas très brillant, parfois même mal poli
Mitrailler – Plus facile à faire quand on a beaucoup de
   pellicules
Mot d'esprit – Humour platonique
Mot-valise – Lexicogreffe. Mot croisé

O

Œuf – Mot laid

Ordinateur – Un clavier AZERTY en vaut deux

P

Parking – Endroit où, plus souvent qu'autrement, on égare sa voiture

Patois – Pupille de la langue

Philanthrope – Altérophile

Pion – Nécessaire aux dames et utile aux cavaliers

Plie – Ce n'est pas parce qu'elle est plate qu'on en fait un plat

Port de pêche – Abri côtier

Posthumour – Blague à retardement

Prostitution – Autre mot de passe

R

Réa – Quand elle est voilée, ce n'est pas pour dissimuler sa gorge

Récidiviste – Il vole de son propre zèle

Robineux – Il en boit de toutes les couleurs

Ronces – Ses fruits sont toujours mûres

S

Sainteté – Démonstration de vertuosité

Salad bar – Végétable

Sérieux – Soumis à la loi de la gravité

Serré – À l'abri de tout sauf du besoin

Sodomiser – Faire cul-sexe

Susceptible – Qui a un sens unique de l'humour

T

Tin – Sert à monter un bateau

Toréador – Le roi de l'arène

U

Uni – Qui ne connaît ni bagarre, ni chamaille ou qui n'est ni bigarré, ni chamarré

Us – Souvent sans âge

V

Vatican – Tire-lires de l'Italie

Ventripotentat – Dictature des obèses

Vierge – Chaste gardé(e)

Calembours

Je ne pense pas qu'il faille être imbu de soif pour avoir le soûl rire.

Ce qu'on ne fait pas pour l'amour de l'art, on le fait pour l'art de l'humour.

L'art de l'humour est moins préjudiciable à la santé que l'amour du lard.

Rire entre les lignes, c'est sourire des deux lèvres à la fois.

La fleur qu'on porte à la boutonnière doit être en bouton.

Traiter quelqu'un de nègre, voilà qui est blâmable. Mais que dire de la traite des Blanches ?

Il y a beaucoup de nids-de-poule chemin faisan.

L'*Ave Maria* est un hymne au patriarcat : «Je voue mon salut à mon mari, plein de classe, ce seigneur à qui je me dévoue... »

Le beurre de missel vaut bien l'huile de saint Joseph.

C'est quand on est acculé au pied du mur qu'on s'aperçoit que les murs ont des orteils.

Le chef était de marbre, l'orchestre de cuivre.

Le cobra en voit de toutes les couleuvres.

Suce, si t'aimes ma trique.

Après le troisième âge vient le quadri-âge.

Comme le dit Romain Léger, typographe, «c'est le *serif* qui fait la police».

Les Romains connaissaient l'art de guerroyer sans tueries.

Après un crochet au petit coin, il lui a fait faux bond pour faire un saut chez moi.

Ma montre indique toujours le «quartz».

À force de prendre les W.-C. pour des antennes, on risque de prendre le téléviseur pour un cabinet.

Heureux qui comme Alice a fait un long voyage... au pays des merveilles!

La capitale mondiale de la musique country-rock se trouve au Québec: Rock Far-West

Être concis, c'est génial! Être circoncis, c'est... génital.

Quelle différence y a-t-il entre la cuniculture et le cunni-linguisme? La première permet l'élevage de lapines, le second le levage de la pine.

Le rêve d'une cantatrice est-il de chanter devant la reine d'Angleterre ou dans celles de Vérone?

Les Américains vont tourner un film sur les conflits armés au Proche-Orient. Son titre: *L'OTAN l'emporte au Levant.*

Au bingo, la présence d'esprit est aussi importante que les prix de présence.

J'aime mieux être secondé que minuté, ou pis: leurré.

Aux grands Gémeaux Andromède.

Les (poissons) scies mangent les raies.

Tous les parfums mènent arôme.

Aphorismes

L'Univers est universel, le ciel céleste, l'homme humain. Comme tout est merveilleusement simple!

L'horreur est inhumaine, l'erreur machinale.

La sainteté, c'est la voie de la liberté, du pouvoir: être saint, c'est enfin être le patron.

Proverbes

On ne peut pas sans coût faire rire.

Pas rire, c'est sourire un peu.

Rira bien qui rira le dernier. Morale : rigolez tôt.

Le proverbe est éternel : c'est un adage qui n'en a pas.

Quand le veau dort, la vache rit.

Il n'y a pas de fumier sans fiente.

À bon chakra bonne aura.

Indien vaut mieux que deux tu l'aura.

Un œil averti vaut mieux que deux tu l'auras.

Il n'est pires maux que les mots qui endorment.

Deviser pour renier.

L'envers est cousu de fil blanc.

Faute de frappe la dactylo retape.

Bouche cousue n'a point d'Alençon.

Le bien est le meilleur ami de l'âme.

Table

Avant-propos 9

Pièges à souri...re 11

Tirez/Poussez 13

Le pour et le contre 15

Les deux font la paire 16

Animaux affables 19

Parle, menu 20

Vivat Bacchus! 22

Nom de lieu! 24

Fable express 26

L'esprit des lois 27

Électro-fun 30

Vie d'artiste 32

Merles rares 34

Je m'oublie 37

Gratin de grosses légumes 39

Au Panthéon des bien nommés 40

Les gens peureux ne font pas d'histoires 42

L'adorée 44

« Ça change, ça change » 46

Le drame de la Quasimodo 48

Battue, la chamade 50
Le chanteur inconnu 52
L'enfance de l'art 54
Tournée en rond 56
Cartes sur Tables 58
Métrise de soi 60
Beau teint mauvais teint 62
Petites annonces 64

Figures libres 67
Le poil de la bête 69
Gorge chaude 71
Il faut ce qu'il faut 74
Chanson de gestes 77
PFMRMRIT 80
Paix éphémère et méritée 82
Soif de vivres 84
Nenni 87
La cuisinière et le porcelet 90
Et je cite 92
Larron d'occasion 95

Abécédaire 99

Calembours 105

Aphorismes 109

Proverbes 113

CP48.02
4

Ville de Montréal
ST-C

**Feuillet
de circulation**

5 MAI 2000 À rendre le	
28 JUIN 2000	
25 JUIL. 2000	
26 SEP 2000	
2 JUIN 2001	

LE V

06.03.375-8 (05-93)